Hmong Words
English · White Hmong · Hmong Leng
By Pang Hlub Xiong · Illustrated by Quynh Nguyen

Lus Hmoob
As Kiv · Hmoob Dawb · Hmoob Lees
Tus Sau Yog Paj Hlub Xyooj · Tus Kos Duab Yog Quynh Nguyen

Lug Moob
Aas Kiv · Moob Dlawb · Moob Leeg
Tug Sau Yog Paaj Hlub Xyooj · Tug Kos Dluab Yog Quynh Nguyen

Project Hmong
Children's Books

Layout of this book is as follows:

English • As Kiv • Aas Kiv
White Hmong • Hmoob Dawb • Moob Dlawb
Hmong Leng • Hmoob Lees • Moob Leeg

Thank you to the following for helping with *Moob Leeg* translations: Teresa Moua-Her and Pang Yang.

The following resources were of incredible help:

• Heimbach, Ernest. *White Hmong-English Dictionary.* Southeast Asia Program, Cornell University, 1979.

• Saint Paul Public Schools ELL Program. *Picture Dictionary English-White Hmong.* 2004.

• Strecker, David. *Mong Leng-English Dictionary.* 2021.

• Thao, Pha. *Primary Word Book English-Hmong.* University of Iowa College of Education, Center for Educational Experimentation, Development, and Evaluation, 1982.

• Xiong, Yuepheng. *English-Hmong/Hmong-English Dictionary.* Hmongland Publishing, 2011.

Published by:

Project Hmong
St. Paul, Minnesota
www.projecthmong.com

Printed in China.

ISBN: 978-0-9839784-8-0

The Hmong language has two main dialects in the United States--White Hmong and Hmong Leng (also known as Green Hmong). The two dialects contain many similarities but can vary in pronunciation, tone, vocabulary and spelling. White Hmong is more commonly spoken and used in the USA.

This book may not include all variations of words. Some words included in this book are borrowed from Thai and/or Lao language since they are more commonly used than the actual Hmong word (*xim, xoom,* etc). Thus, some of these borrowed words have caused variations in the Hmong pronunciation (eg. *taub yees/tub yees; muaj phaub/maj phaub*).

Classifiers are included with each word in this book as they are an integral part of the Hmong language. Classifiers exist for numerous reasons (some of which will not be explained here). One reason classifiers are used is to distinguish between singular and plural nouns. Unless indicated otherwise, the classifer listed in the book often translates to a/the. *Cov* is the catchall word to show plurality.

Singular Hmong	Singular English	Plural Hmong	Plural English
tus miv	a cat; the cat	*cov miv*	the cats
lub txiv tsawb	a banana; the banana	*cov txiv tsawb*	the bananas
rab rawg	a fork; the fork	*cov rawg*	the forks

Classifiers are also used to categorize similar items together. For example, all flat objects are preceded by the classifier *daim*. Thus, classifiers are important to help distinguish between words with different meanings. Classifiers introduce and clarify the context of each noun. For example, the word *txiv* has multiple meanings. The classifier helps distinguish which definition is being used.

lub txiv--a fruit	*tus txiv*--husband	*(leej) txiv*--father	*txiv*--to squeeze through

Below are some common classifiers and their general meaning. As with most rules, exceptions exist.

Hmong Classifier	Definition	Hmong Example	English Translation
lub	singular; round, hollow or bulky items; abstract ideas	lub khob; lub tsev; lub ntuj; lub tswv yim	a cup; a house; the sky; an idea
cov	catchall plural	cov ntoo; cov qaib	the trees; the chickens
daim/dlaim	flat object or surface	daim pam; daim nplooj	a blanket; a leaf
leej/leeg	person	leej niam	mother
phau/phoo	sheets stacked together	phau ntawv	a book
nkawm/nkawg	a pair	nkawm khau	a pair of shoes
rab/raab	straight object or tool	rab ntaj; rab diav	a sword; a spoon
tus/tug	living things; people; animals; short objects	tus tsov; tus txiv neej; tus ntsia thawv	a tiger; a man; a nail
tsob	plants; foliage; objects with a root	tsob ntoo; tsob paj	a tree; a flower
txhais	part of a pair	txhais tes; txhais khau	a hand; a shoe
txoj	long, flexible objects	txoj xov; txoj kev	a string; a street

Hmong is a tonal language. The tone of a word can sometimes change depending on the context. For example, White Hmong can interchangably use *tus* and *tug* depending on the tone of the preceding word. Some other tone changes include *co/cov; nkawm/nkawg; caum/caug*

tug	*ib tug*	*ob tug*	*peb tug*	*plaub tug*	*tsib tug*	*cuaj tug*
tus	*rau tus*	*xya tus*	*yim tus*	*kaum tus*		

Please note: Hmong is a complex language. This book is not meant to teach the entire language. Limited information is provided simply to help you navigate this book.

FAMILY

grandpa
yawg
yawm

grandma
pog
puj

grandpa
yawm txiv
yawm txiv

grandma
niam tais
nam tais

dad
txiv
txiv

mom
niam
nam

daughter · girl
tus ntxhais
tug ntxhais

son · boy
tus tub
tug tub

TSEV NEEG

a girl's siblings
tus ntxhais cov nus muag
tug ntxhais cov nug muag

older brother	younger brother	older sister	younger sister
tus nus hlob	tus nus yau	tus niam laus ·	tus niam hluas ·
tug nug hlub	tug nug yau	tus viv ncaus	tus viv ncaus
		tug tais laug ·	tug tais hluas ·
		tug viv ncaug	tug viv ncaug

a boy's siblings
tus tub cov nus muag
tug tub cov nug muag

older brother	younger brother	older sister	younger sister
tus tij laug	tus kwv	tus muam hlob	tus muam yau
tug tij laug	tug kwv	tug muam hlub	tug muam yau

TSEV TUAB NEEG

FARM ANIMALS

pig
tus npua
tug npua

cow
tus nyuj
tug nyuj

horse
tus nees
tug neeg

deer
tus mos lwj
tug mos lwj

TSIAJ NYEG TOM TEB

duck
tus os
tug us

turkey
tus qaib cov txwv
tug qab cov txwv

hen
tus poj qaib
tug puj qab

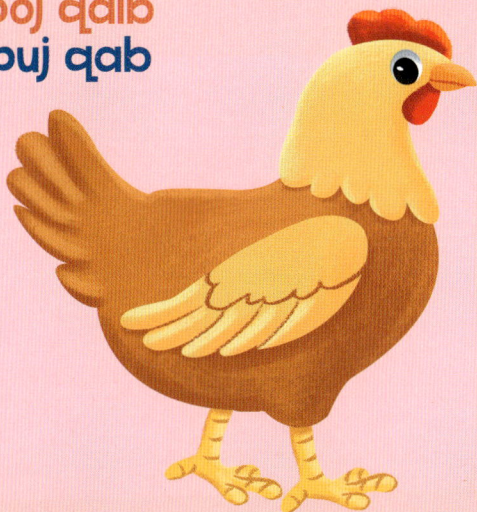

chicken
tus qaib
tug qab

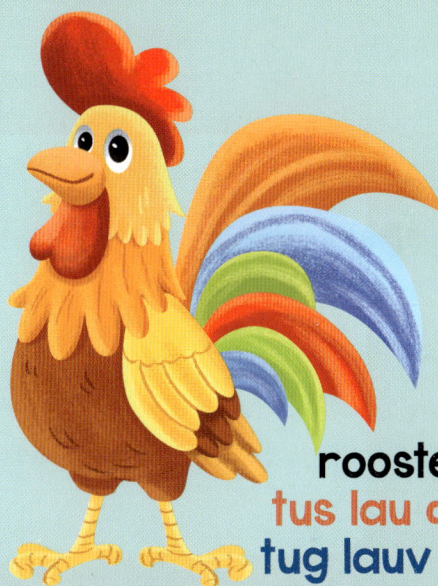

rooster
tus lau qaib
tug lauv qab

sheep
tus yaj
tug yaaj

goat
tus tshis · tus mes es
tug tshis · tug mes es

TSAJ NYEG TOM TEB

PETS

mouse
tus nas tsuag
tug tsuag

frog
tus qav
tug qaav

bird
tus noog
tug noog

dog
tus aub · tus dev
tug aub · tug dlev

cat
tus miv
tug miv

TSIAJ NYEG HAUV TSEV

pigeon
tus nquab
tug nquab

fish
tus ntses
tug ntseg

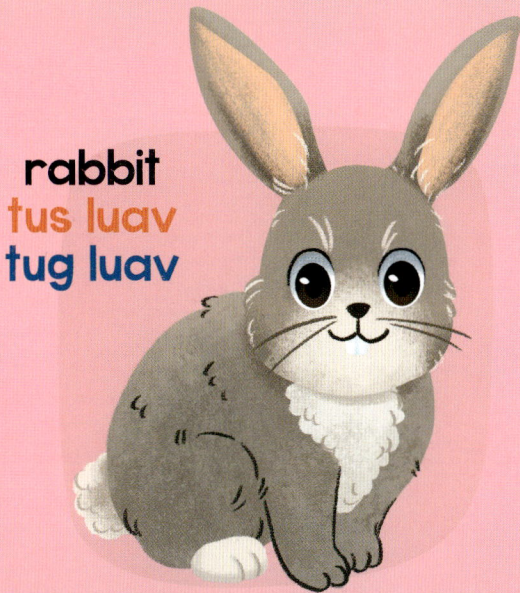

rabbit
tus luav
tug luav

turtle
tus vaub kib
tug vaub kib

snake
tus nab
tug naab

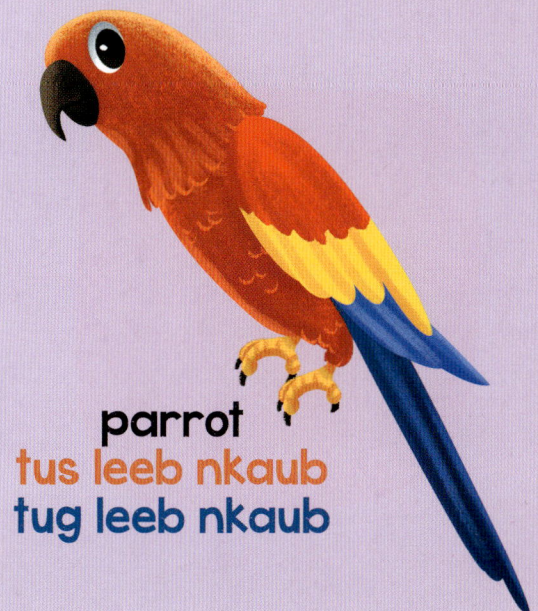

parrot
tus leeb nkaub
tug leeb nkaub

TSAJ NYEG HUV TSEV

6

ZOO ANIMALS

monkey
tus liab
tug lab

peacock
tus yaj yuam
tug yaaj yuam

crocodile
tus kheb
tug kheb

otter
tus ntshuab
tug ntshuab

bear
tus dais
tug dlais

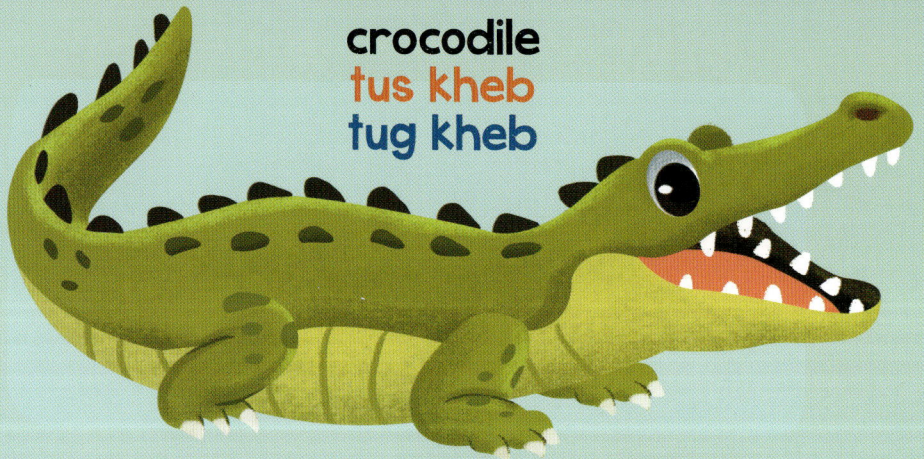

TSIAJ TOM VAJ TSIAJ

owl
tus plas
tug plaas

lion
tus tsov ntxhuav
tug tsuv ntxhuav

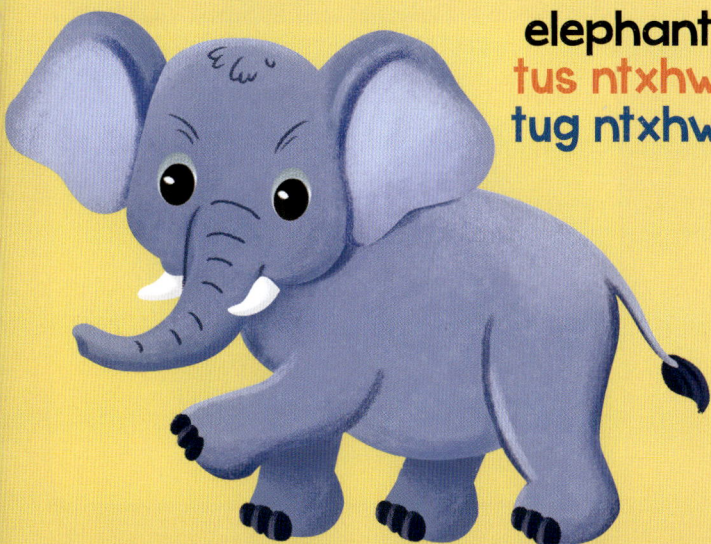

elephant
tus ntxhw
tug ntxhw

eagle
tus dav
tug dlaav

tiger
tus tsov
tug tsuv

fox
tus hma
tug maa

TSAJ TOM VAAJ TSAJ

CRITTERS

caterpillar
tus kab nyuam dev •
tus kab ntsig
tug kaab raug nyuam •
tug kaab ntsig

ant
tus ntsaum
tug ntsaum

fly
tus yoov
tug yoov

mosquito
tus tshaj cum
tug yoov ncauj ntev

bee
tus muv
tug muv

butterfly
tus npauj npaim
tug npauj npaim

KAB NTSAUM

praying mantis
tus kab ntsuas
tug kooj ntsuag neeg

worm
tus cua nab
tug caab

moth
tus kab npauj
tug kaab npauj

grasshopper
tus kooj
tug kooj

spider
tus kab laug sab
tug kaab laug saab

snail
tus qwj
tug qwj

KAAB NTSAUM

OUTSIDE

sun
lub hnub
lub nub

moon
lub hli
lub hli

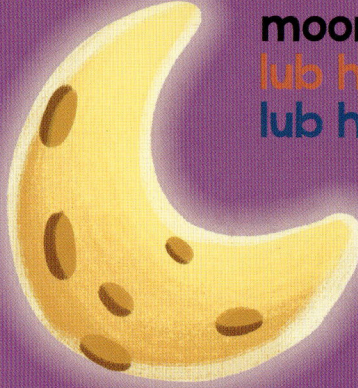

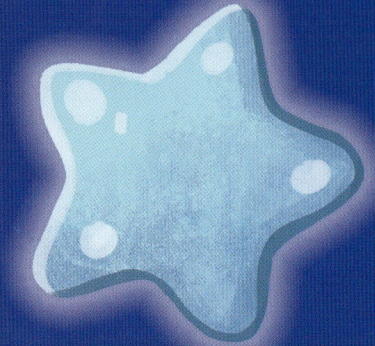

star
lub hnub qub
lub nub qub

sky
lub ntuj
lub ntuj

clouds
cov huab
cov fuab

flower
lub paj
lub paaj

leaf
daim nplooj
dlaim nplooj

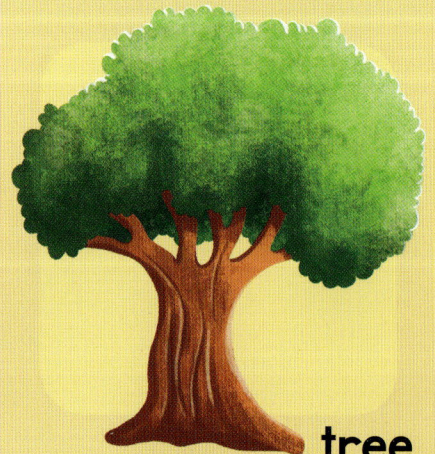

tree
tsob ntoo
tsob ntoo

NRAUM ZOOV

grass
cov nyom
cov nyom

street
txoj kev
txuj kev

rock
lub pob zeb
lub pob zeb

nest
lub zes
lub zeg

fence
daim laj kab
dlaim laj kaab

house
lub tsev
lub tsev

NRAU ZOOV

AT THE GARDEN

beans
cov taum lag
cov taum laag

chili peppers
cov kua txob
cov hov txob

corn
lub pob kws
lub pob kws

cucumber
lub dib
lub dlib

peas
cov taum mog
cov taum mog

tomato
lub txiv lws suav
lub txiv lwg suav

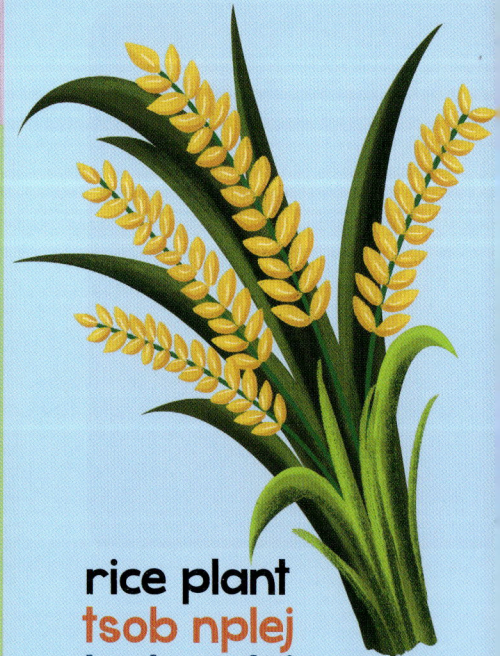

rice plant
tsob nplej
tsob nplej

TOM TEB

cilantro
tus zaub txhwb
tug zaub txhwb

green onions
cov dos
cov dlog

**greens ·
mustard green**
tus zaub ntsuab
tug zaub ntsuab

bamboo basket
lub kawm
lub kawm

squash
lub taub
lub taub

garden hoe
rab hlau
raab hlau

winnowing basket
lub vab
lub vaab

TOM TEB

14

FOOD

drumstick
tus ncej puab qaib
tug ncej puab qab

rice
tais mov
taig mov

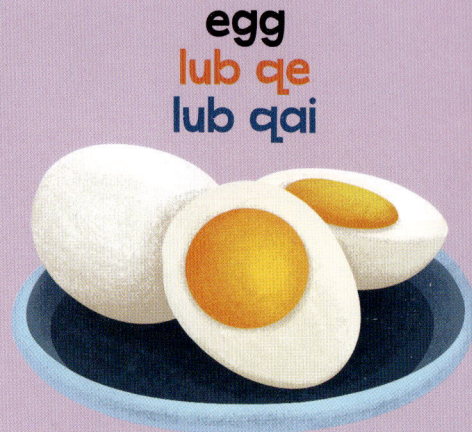

egg
lub qe
lub qai

sticky rice
tawb mov nplaum
tawb mov nplaum

rice with water
tais mov ntse dej
taig mov ntse dlej

rice patty
lub ncuav
lub ncuav

nava
khob nab vam
khob naab vaam

milk
khob mis
khob mig

water
khob dej
khob dlej

ZAUB MOV

pho
tais fawm
taig fawm

kapoon
tais khob poob
taig khob poob

kopiek
tais khaub piaj
taig khaub piaj

noodles
tais mij
taig mij

pork and greens
tais nqaij npuas
hau nrog
zaub ntsuab
taig nqaj npuas
hau nrug
zaub ntsuab

steam rolls
cov fawm kauv
cov fawm kauv

eggrolls
cov kab yaub
cov kaab yaub

sausage
cov hnyuv ntxwm
cov hnyuv ntxwm

ZAUB MOV

16

FRUIT

pineapple
lub txiv puv luj
lub txiv puv luj

mango
lub txiv nkhaus taw ·
lub txiv txhais
lub txiv nkhaus taw

banana
lub txiv tsawb
lub txiv tsawb

watermelon
lub dib liab
lub dlib lab

coconut
lub txiv muaj phaub
lub txiv maj phaub

TXIV HMAB TXIV NTOO

peach
lub txiv duaj
lub txiv dluaj

orange
lub txiv kab ntxwv • lub txiv maj kiab
lub txiv kaab ntxwv • lub txiv maaj kab

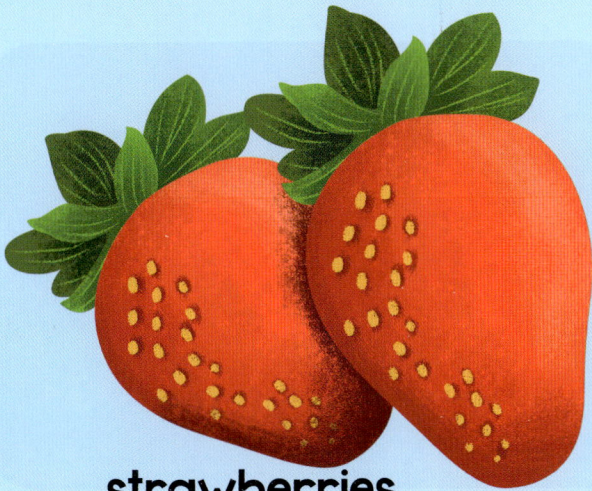

strawberries
lub txiv pos • lub txiv nphuab
lub txiv nphuab

guava
lub txiv cuab thoj
lub txiv cuab thoj

papaya
lub txiv taub ntoos •
lub txiv maum kuab
lub txiv maum kuab

lychee
lub txiv lwm tsib
lub txiv lwm tsib

TXIV MAAB TXIV NTOO

KITCHEN

fork · chopstick
rab rawg
raab dlav rawg

spoon
rab diav
raab dlav

cup
lub khob
lub khob

bowl
lub tais
lub taig

plate
lub phaj
lub taig plab ·
lub phaaj taj

knife
rab riam
raab rag

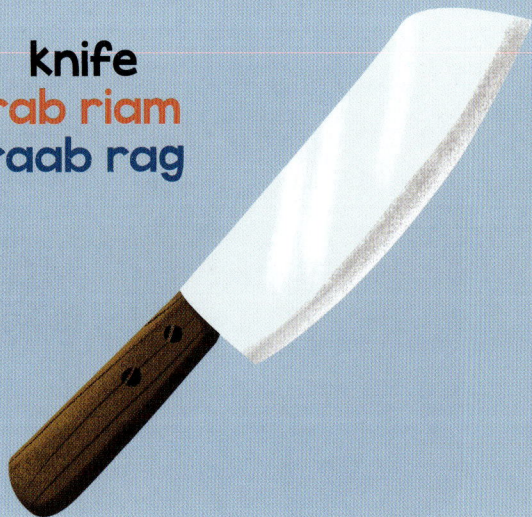

stove
lub qhov cub
lub qhov cub

TSEV MOV

chair
lub tog
lub tog

table
lub rooj
lub rooj

broom
tus khaub ruab
tug qws rhuab

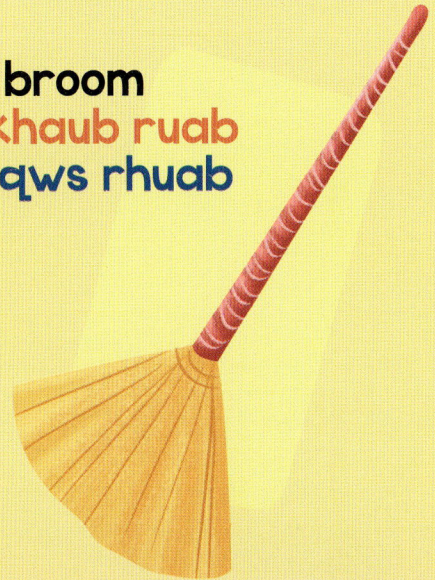

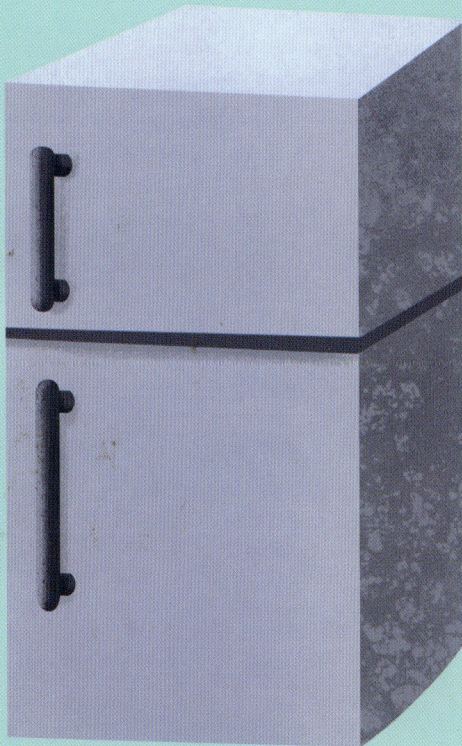

dustpan
lub cib laug
lub laug

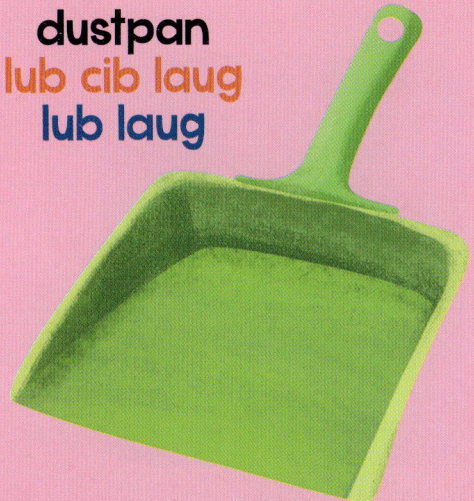

refrigerator
lub taub yees
lub tub yees

TSEV MOV

HOUSEHOLD

light
lub teeb
lub teeb

window
lub qhov rais
lub qhov rais

door
lub qhov rooj
lub qhov rooj

blanket
daim pam
dlaim choj

bed
lub txaj
lub txaaj

clock
lub moo
lub moo

stairs
tus ntaiv
tug ntaiv

HAUV TSEV

pillow
lub tog hauv ncoo
lub tog hauv ncoos

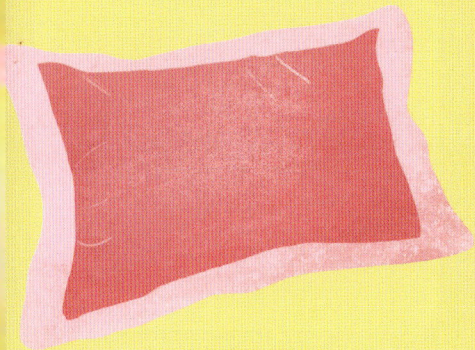

picture
daim duab
dlaim dluab

fan
lub kiv cua
lub kiv cua

toothbrush
tus txhuam hniav
tug txhuam nav

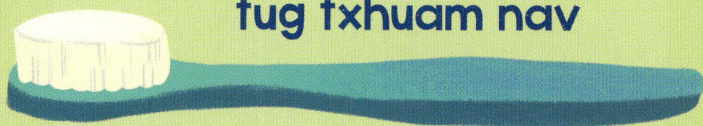

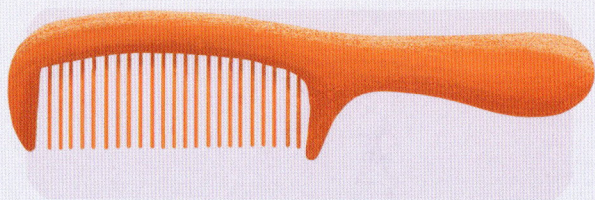

comb
lub zuag
lub zuag

mirror
daim iav
dlaim av

bath tub
lub dab da dej
lub dlaab dla dlej

towel
txoj phuam
txuj phuam

HUV TSEV

SCHOOL

pencil
tus xaum ·
tus cwj mem qhuav
tug xuam ·
tug cwj mem qhuav

pencil sharpener
lub hliav xaum
lub hlav xuam

crayon
tus xim qhuav
tug xim qhuav

tape
lub ntaub nplaum
lub ntaub nplaum

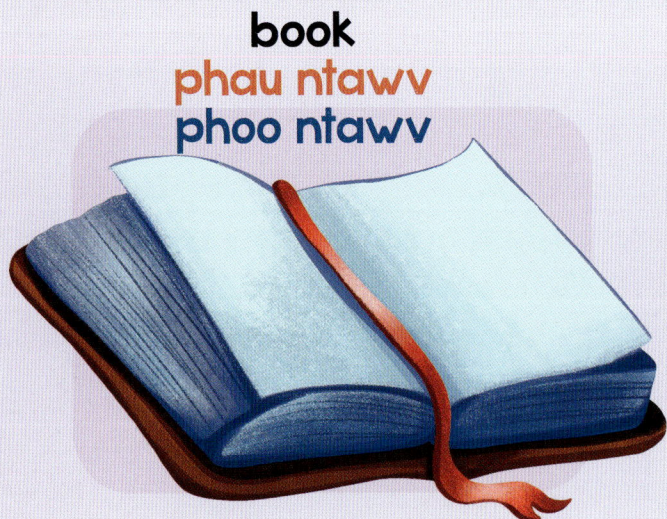

book
phau ntawv
phoo ntawv

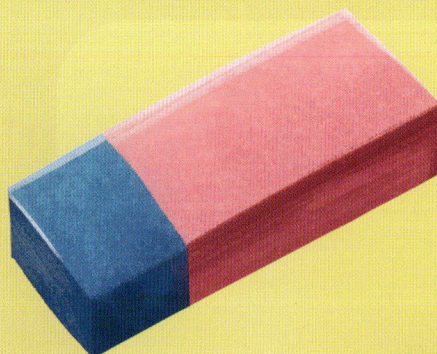

eraser
lub lwv ntawv
lub lwv ntawv

TSEV KAWM NTAWV

paper
daim ntawv
dlaim ntawv

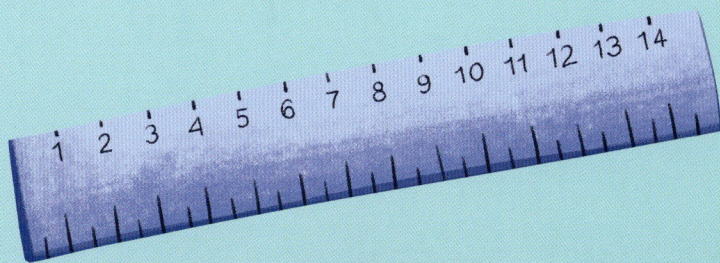

ruler
tus pas ntsuas
tug paas ntsuag

scissors
rab txiab
raab txab

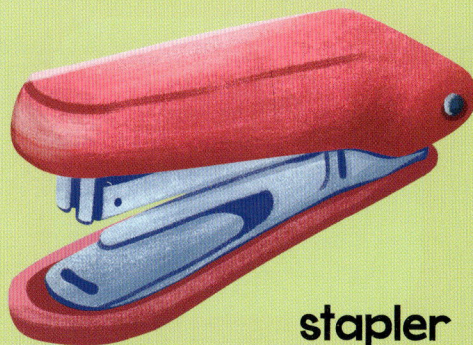

stapler
tus tom ntawv
tug tum ntawv

backpack
lub hnab ev ntawv
lub naab aub ntawv

teacher
tus xib fwb •
tus nai khu
tug xib fwb •
tug nai khu

TSEV KAWM NTAWV

24

CLOTHES

hat
lub mom ·
lub kaus mom
lub mom

glasses
lub iav ·
lub tsom iav
lub av ·
lub tsum av

jacket
lub tsho tiv no ·
lub tsho loj
lub tsho tiv no ·
lub tsho luj

shirt
lub tsho
lub tsho

glove
lub hnab looj tes
lub nab looj teg

shorts
lub ris luv
lub rig luv

pants
lub ris
lub rig

shoe
txhais khau
txhais khau

flip flop
txhais khau khiab
txhais khau khab

KHAUB NCAWS/RIS TSHO

hat
lub mom ·
lub kaus mom
lub mom

hat · turban
hau phuam txoom suab
hauv phuam txoom suab

vest
lub tsho khuam
lub tsho khuam

tie
txoj kas las vav
txuj kaas laas vaav

shirt
lub tsho
lub tsho

coin
lub nyiaj npib
lub nyaj npib

necklace
lub xauv
lub xauv ·
lub paug

skirt
daim tiab
dlaim tab

apron
daim sev
dlaim sev

sash
txoj hlab si
txuj hlaab si

KHAUB DLUAG/RIG TSHO

26

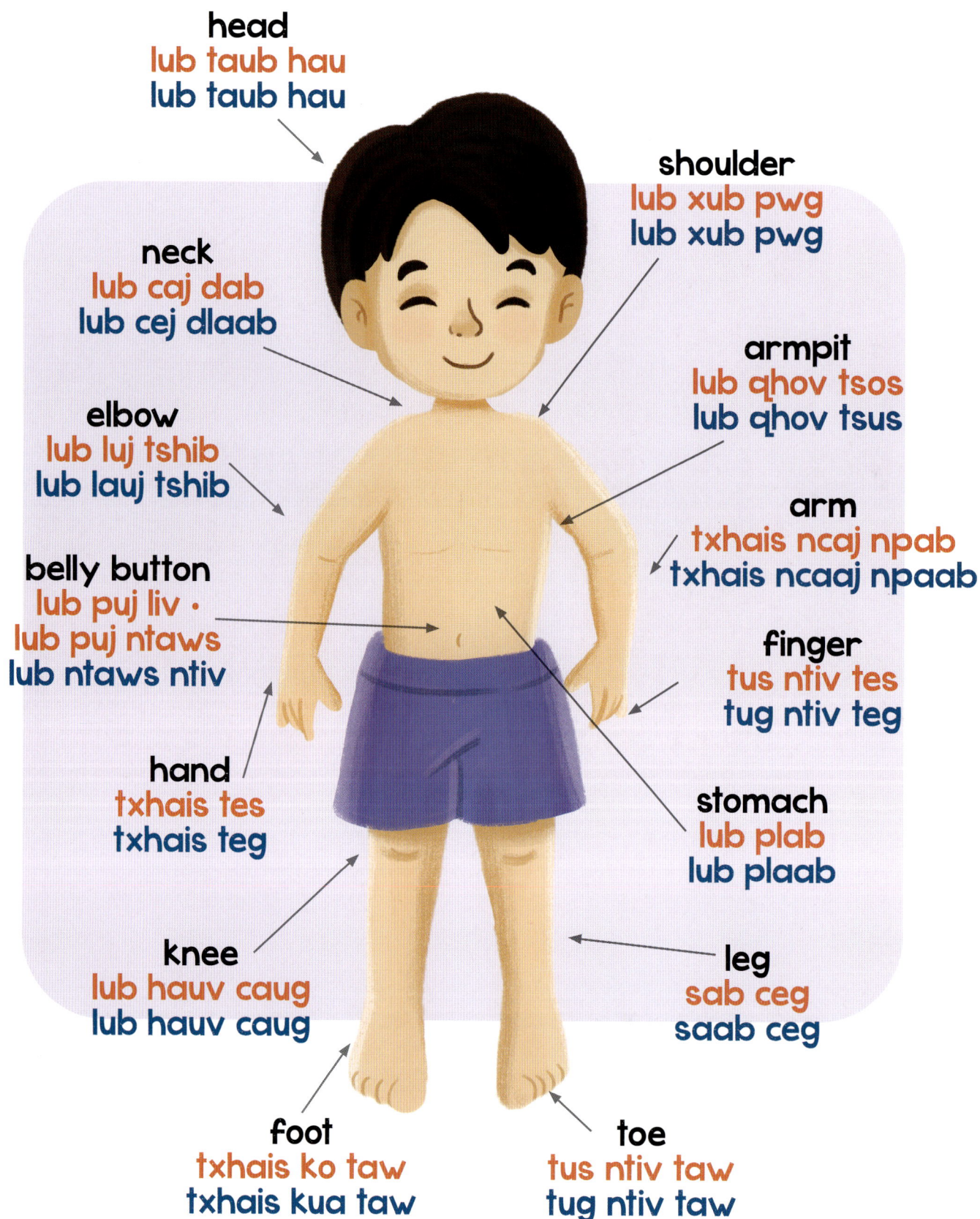

BODY

head
lub taub hau
lub taub hau

shoulder
lub xub pwg
lub xub pwg

neck
lub caj dab
lub cej dlaab

armpit
lub qhov tsos
lub qhov tsus

elbow
lub luj tshib
lub lauj tshib

arm
txhais ncaj npab
txhais ncaaj npaab

belly button
lub puj liv ·
lub puj ntaws
lub ntaws ntiv

finger
tus ntiv tes
tug ntiv teg

hand
txhais tes
txhais teg

stomach
lub plab
lub plaab

knee
lub hauv caug
lub hauv caug

leg
sab ceg
saab ceg

foot
txhais ko taw
txhais kua taw

toe
tus ntiv taw
tug ntiv taw

27 **LUB CEV**

LUB CEV

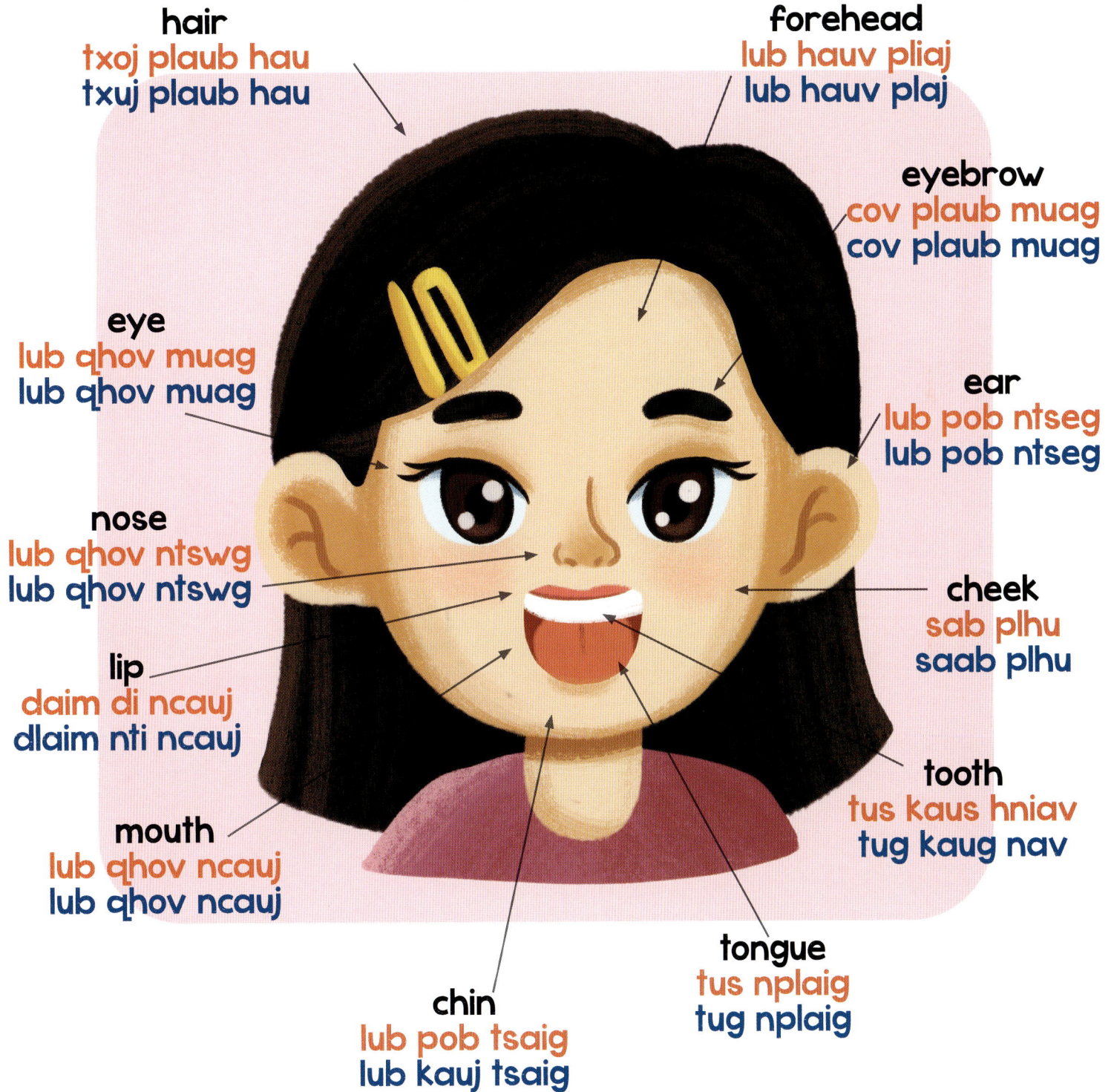

FACE

hair
txoj plaub hau
txuj plaub hau

forehead
lub hauv pliaj
lub hauv plaj

eyebrow
cov plaub muag
cov plaub muag

eye
lub qhov muag
lub qhov muag

ear
lub pob ntseg
lub pob ntseg

nose
lub qhov ntswg
lub qhov ntswg

cheek
sab plhu
saab plhu

lip
daim di ncauj
dlaim nti ncauj

mouth
lub qhov ncauj
lub qhov ncauj

tooth
tus kaus hniav
tug kaug nav

chin
lub pob tsaig
lub kauj tsaig

tongue
tus nplaig
tug nplaig

LUB NTSEJ MUAG LUB NTSEJ MUAG

NUMBERS

0
zero
xoom
xoom

1
one
ib
ib

4
four
plaub
plaub

5
five
tsib
tsib

8
eight
yim
yim
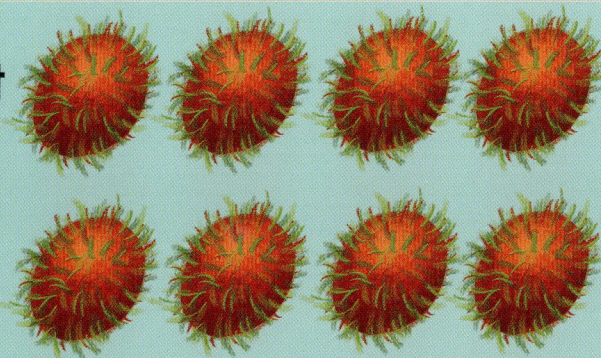

9
nine
cuaj
cuaj

LEJ

2
two
ob
ob

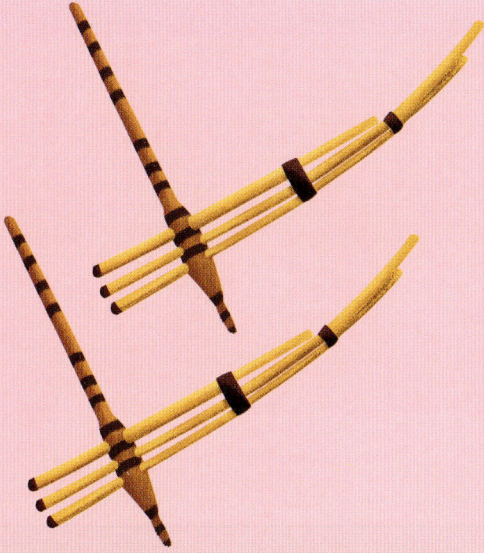

3
three
peb
peb

6
six
rau
rau

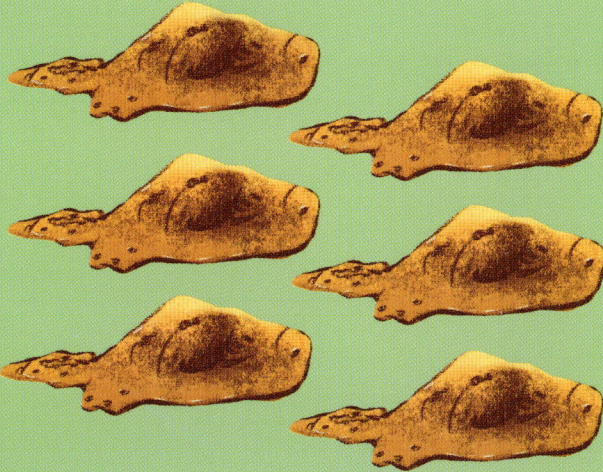

7
seven
xya
xyaa

10
ten
kaum
kaum

20	twenty	nees nkaum	neeg nkaum
30	thirty	peb caug	peb caug
40	forty	plaub caug	plaub caug
50	fifty	tsib caug	tsib caug
60	sixty	rau caum	rau caum
70	seventy	xya caum	xyaa caum
80	eighty	yim caum	yim caum
90	ninety	cuaj caum	cuaj caum
100	one hundred	ib puas	ib puas

COLORS

red
xim liab
xim lab

orange
xim txiv kab ntxwv
xim txiv kaab ntxwv

yellow
xim daj
xim dlaj

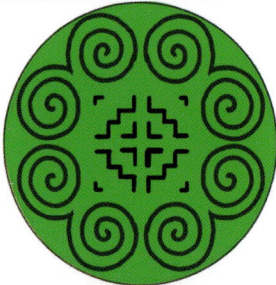

green
xim ntsuab
xim ntsuab

blue
xim xiav
xim xav

purple
xim tsam xem
xim tsaam xem

pink
xim paj yeeb
xim paaj yeeb

brown
xim kas fes · xim av
xim kaas fes · xim aav

gray
xim txho
xim txho

white
xim dawb
xim dlawb

black
xim dub
xim dlub

silver
xim nyiaj
xim nyaj

gold
xim kub
xim kub

xim

xim

FEELINGS

laugh
luag
luag

cry
quaj
quaj

mad
chim siab
chim sab

sad
tu siab
tu sab

happy
zoo siab
zoo sab

scared
ntshai
ntshai

tired
nkees
nkeeg

shy
txaj muag
txaaj muag

hungry
tshaib plab
tshaib plaab

NYOB LI CAS   NYOB LE CAAG

WEATHER

sunny
tshav ntuj
tshaav ntuj

cloudy
pos huab · tsaus huab
pos fuab · tsaus fuab

windy
cua hlob
cua hlub

fog
pos huab · tsaus huab
pos fuab · tsaus fuab

lightning
xob laim
tsag lig xub

thunder
xob nroo · xob quaj
xub nroo · xub quaj

raining
los nag
lus naag

hailing
los lawg
lus lawg

snowing
los daus · los npu
lus dlaus · lus npu

HUAB CUA

FUAB CUA

TIME

daytime
nruab hnub
nruab nub

night time
hmo ntuj
mo ntuj

day
hnub
nub

Friday 8

2022

JANUARY
SUN	MON	TUE	WED	THU	FRI	SAT
						1
2	3	4	5	6	7	8
9	10	11	12	13	14	15
16	17	18	19	20	21	22
23	24	25	26	27	28	29
30	31					

FEBRUARY
SUN	MON	TUE	WED	THU	FRI	SAT
		1	2	3	4	5
6	7	8	9	10	11	12
13	14	15	16	17	18	19
20	21	22	23	24	25	26
27	28					

MARCH
SUN	MON	TUE	WED	THU	FRI	SAT
		1	2	3	4	5
6	7	8	9	10	11	12
13	14	15	16	17	18	19
20	21	22	23	24	25	26
27	28	29	30	31		

APRIL
SUN	MON	TUE	WED	THU	FRI	SAT
					1	2
3	4	5	6	7	8	9
10	11	12	13	14	15	16
17	18	19	20	21	22	23
24	25	26	27	28	29	30

MAY
SUN	MON	TUE	WED	THU	FRI	SAT
1	2	3	4	5	6	7
8	9	10	11	12	13	14
15	16	17	18	19	20	21
22	23	24	25	26	27	28
29	30	31				

JUNE
SUN	MON	TUE	WED	THU	FRI	SAT
			1	2	3	4
5	6	7	8	9	10	11
12	13	14	15	16	17	18
19	20	21	22	23	24	25
26	27	28	29	30		

JULY
SUN	MON	TUE	WED	THU	FRI	SAT
					1	2
3	4	5	6	7	8	9
10	11	12	13	14	15	16
17	18	19	20	21	22	23
24	25	26	27	28	29	30
31						

AUGUST
SUN	MON	TUE	WED	THU	FRI	SAT
	1	2	3	4	5	6
7	8	9	10	11	12	13
14	15	16	17	18	19	20
21	22	23	24	25	26	27
28	29	30	31			

SEPTEMBER
SUN	MON	TUE	WED	THU	FRI	SAT
				1	2	3
4	5	6	7	8	9	10
11	12	13	14	15	16	17
18	19	20	21	22	23	24
25	26	27	28	29	30	

OCTOBER
SUN	MON	TUE	WED	THU	FRI	SAT
						1
2	3	4	5	6	7	8
9	10	11	12	13	14	15
16	17	18	19	20	21	22
23	24	25	26	27	28	29
30	31					

NOVEMBER
SUN	MON	TUE	WED	THU	FRI	SAT
		1	2	3	4	5
6	7	8	9	10	11	12
13	14	15	16	17	18	19
20	21	22	23	24	25	26
27	28	29	30			

DECEMBER
SUN	MON	TUE	WED	THU	FRI	SAT
				1	2	3
4	5	6	7	8	9	10
11	12	13	14	15	16	17
18	19	20	21	22	23	24
25	26	27	28	29	30	31

year
lub xyoo
lub xyoo

JANUARY
SUN	MON	TUE	WED	THU	FRI	SAT
						1
2	3	4	5	6	7	8
9	10	11	12	13	14	15
16	17	18	19	20	21	22
23	24	25	26	27	28	29
30	31					

month
lub hlis
lub hlis

AUGUST
SUN	MON	TUE	WED	THU	FRI	SAT
	1	2	3	4	5	6
7	8	9	10	11	12	13
14	15	16	17	18	19	20
21	22	23	24	25	26	27
28	29	30	31			

week
lub as thiv · lub lim tiam
lub lwm tam

SUN	MON	TUE	WED	THU	FRI	SAT
1	2	3	4	5	6	7

yesterday
nag hmo
naag mo

SUN	MON	TUE	WED	THU	FRI	SAT
1	2	3	4	5	6	7

today
hnub no
nub nuav

SUN	MON	TUE	WED	THU	FRI	SAT
1	2	3	4	5	6	7

tomorrow
tag kis
pig kig

SIJ HAWM   SIJ HAWM

LET'S GO!

rollerskates
txhais khau log
txhais khau lug

motorcycle
lub maus taus
lub maus taus

boat
lub nkoj
lub nkoj

car
lub tsheb · lub luv fais
lub tsheb

airplane
lub dav hlau · lub nyob hoom
lub dlav hlau · lub nyob hoom

bicycle
lub tsheb kauj vab · lub luv thij ·
lub nees zab
lub tsheb kauj vaab ·
lub neeg zaab

bus
lub npav
lub npaav

PEB MUS!

PEB MOOG!